AF562817

Etudes Financières sur l'Algérie.

POURQUOI L'ALGÉRIE N'EMPRUNTERAIT-ELLE PAS ?

UN PROJET DE BANQUE AGRICOLE.

Par Henri GUÉS.

NEUFCHATEL,
IMPRIMERIE DE Mme VEUVE FÉRAY,
RUE CAUCHOISE.

1862.

1.

POURQUOI L'ALGÉRIE N'EMPRUNTERAIT-ELLE PAS ?

I.

On demande à la France une rente annuelle pour que l'Algérie puisse faire ses grands travaux d'utilité publique, car, dit-on : « les ressources ordinaires de la colonie seraient insuffisantes pour cela » — Et l'on fait cette demande au moment où le gouvernement, les chambres, tous les hommes sérieux et dévoués à l'Empereur tournent autour de cette immense question qui a pour nom : Budget, essayant d'en attaquer tous les points, d'en sonder tous les replis, pour diminuer les dépenses et en faire sortir un excédant, c'est-à-dire un *solde créditeur à nouveau;* c'est au moment où dans le monde politique, l'on parle de réduire les traitements des hauts fonctionnaires, de supprimer les dotations affectées aux sénateurs et aux députés, de diminuer l'effectif de l'armée, d'appliquer de nouveaux impôts... tout cela pour tâcher d'équilibrer les chiffres et de fermer le chemin à ce flot du découvert, qui menaçait naguère de déborder; c'est en ce moment, disons-nous, qu'on demande à la métropole pour l'Algérie, une rente annuelle nécessairement considérable. Mais, l'instant nous paraît bien mal choisi, le moment n'est guère opportun, ce nous semble. Et puis, en dehors de tout cela, sans tenir compte de cette gêne momentanée, la France serait-elle disposée à accorder cette rente?

Sans doute la métropole a beaucoup fait pour nous; à Dieu ne plaise que nous voulions le méconnaître; elle a fait son devoir comme toujours, comme partout. La France sera toujours la grande nation! Mais comme elle n'a jamais eu qu'une confiance limitée dans l'Algérie, en tant que pays colonisateur, elle n'a pas voulu... elle n'a pas été entraînée à prendre une de ces mesures énergiques, radicales, qui transforment un pays. Et pourtant, quel champ légitime et vaste ouvert non-seulement à sa gloire, c'est fait! mais à son exubérante activité.

Si nous jetons un coup-d'œil rétrospectif sur ce qui s'est accompli, nous voyons que la France, sans abandonner la colonie, loin de là, n'a fait pour elle que ce qui lui était impossible de refuser, de retarder. Tout a été lent, compliqué, donné avec des restrictions et des réserves et pour ainsi dire à regret; et après, dans les chambres et dans la métropole, il y a eu des reproches, on a dit que l'Algérie était un gouffre. Hélas! tout cela n'a tenu qu'aux changements successifs dont ce pays a été le théâtre, et M. le général Daumas, lui-même, ne disait-il pas il y a un mois au Sénat? « que si cette insta-« bilité continuait, les intérêts agricoles et commer-« ciaux seraient gravement troublés. » L'instabilité dans la direction commerciale et colonisatrice du pays, voilà ce que nous nous permettrons, nous aussi, de reprocher à la métropole.

Au commencement de la conquête et au moment où le gouvernement du roi Louis-Philippe s'occupait de l'organisation du pays, le fait — le moyen — qui certainement pour la France eût été un acte très-économique (le plus concluant et le plus infaillible aussi pour attirer les émigrants), et qui consistait à donner à la colonie une bonne loi sur l'état des personnes, à octroyer au pays toutes les institutions libérales, à appliquer à tous les citoyens, français ou étrangers, des droits analogues à ceux qu'ils avaient dans leur patrie respective, enfin à naturaliser progressivement tous les indigènes, sans distinction de caste et d'origine, et à leur appliquer les lois communes... Eh bien! ce moyen a-t-il été pris? a-t-il été employé? non!

Cependant ce n'était pas là une question de finances et une question de sang. On ne pouvait pas redire, on ne pouvait plus répéter cette phrase stéréotipée dans tous les discours et dans tous les écrits de cette époque : « l'Algérie coûte à la France le plus pur de son sang, « le plus net de son or. » Cette mesure n'aurait rien coûté ; ce n'était qu'un acte de libéralisme et de prévoyance à faire, un acte de bonne colonisation à réaliser. Il n'a pas été fait.

Il s'en est suivi des complications et des difficultés administratives qui ont entravé la bonne volonté de l'Empereur et ses meilleures intentions, qui ont paralysé les efforts des ministres spéciaux, S. A. I. le prince Napoléon et M. le comte de Chasseloup-Laubat.

Par la même raison, il n'a pas dépendu de S. Exc. le maréchal Pélissier, que nous savons animé des vues les plus libérales sur le pays, d'accomplir, depuis le peu de temps que l'Algérie a le bonheur de le posséder à sa tête, toutes les réformes mentionnées ci-dessus, toutes les améliorations demandées et qui lui sont bien connues; mais nous constatons, et nous avons la certitude de n'être pas contredit, que jamais la colonie n'avait reçu une si vive, si heureuse et si libérale impulsion; et nous ne doutons pas que, si le gouvernement vient de faire la promesse solennelle de donner très-incessamment le sénatus-consulte constitutif de l'Algérie, promis par l'article 27 de la constitution française, il n'y ait largement contribué.

Après trente ans d'occupation, ou, pour mieux dire, d'essais administratifs et de tâtonnements, nous apprenons donc avec joie que le gouvernement travaille à l'élaboration de la constitution africaine, et que très-prochainement elle sera présentée au Sénat. Dieu veuille que ce soit une élaboration définitive et prise dans l'acception propre du mot. Dieu veuille que de cet enfantement lent et laborieux il en sorte le produit perfectionné que nous désirons et qui nous est si nécessaire. Enfant chéri, nous t'aimerons!

Mais une fois cette constition obtenue, — ce qui est le *sine quâ non* de l'avenir algérien, — rappelons-nous que la France ne pourra pas nous donner la rente annuelle demandée pour les grands travaux d'utilité publique; nous nous trompons, elle ne pourra pas où elle ne voudra pas, car la France peut toujours quand elle veut! D'une manière comme de l'autre, il faudra donc nous en passer; ceci est un axiome emprunté à M. de La Palisse et d'une force irrésistible.

Alors, souvenons-nous bien des préceptes du laboureur à son fils, rappelés dernièrement à ce même sujet, et fort à propos, par M. A. Lambert, de l'*Echo d'Oran :*

. . . . Notre erreur est extrême,
Dit-il, de nous attendre à d'autres gens que nous :
Il n'est meilleur ami ni parent que soi-même,
Retenez-bien cela, mon fils. Et savez-vous
Ce qu'il faut faire ? Il faut qu'avec notre famille
Nous prenions dès demain chacun une faucille,
C'est là notre plus court ; et nous achèverons
Notre moisson quand nous pourrons.

Nous entendions naguère une noble et généreuse nation, laissée au milieu de complications douloureuses et difficiles, s'écrier dans tout l'élan de son patriotisme : « *L'Italia fara da se!* » Eh bien ! Algériens, soyons unis et restons animés des mêmes sentiments de patriotisme et de confiance dans notre avenir. Que la France, notre respectable mère, nous donne la constitution telle que nous la voulons, telle qu'il nous la faut, et après nous pourrons dire, nous pourrons nous écrier : *L'Algérie fara da se!*

II.

Pour que l'Algérie puisse agir de son propre mouvement, faire d'elle-même, pour qu'elle puisse aborder les grands travaux indispensables à sa rapide marche dans le progrès, tels que : les routes, les chemins vicinaux, une partie de ses chemins de fer, les barrages, les ports, etc., il lui faut de l'argent. On ne lui en donnera pas, c'est dit ! il faut donc qu'elle s'en procure. Comment s'en procurera-t-elle? *Par la confiance entière et absolue que la constitution lui amènera!.....*

Dans les conditions nouvelles où elle va se trouver, ne craignons pas de dire que l'Algérie pourra aisément réaliser, pour son propre compte et avec l'assentiment de la métropole, bien entendu, l'emprunt d'une bonne somme ronde pour faire ses grands travaux les plus utiles, et pour créer une vaste *banque agricole* s'étendant sur les trois provinces et pénétrant dans tous les centres de colonisation. D'après ce que nous venons d'exposer et ce que nous allons développer plus loin, nous croyons cet emprunt non-seulement possible mais facile.

Nous ne voulons pas nous permettre d'en fixer le chiffre, mais nous dirons dès à présent qu'il doit être contracté pour une période de temps assez longue. Si la génération présente doit avoir la charge des intérêts, le sacrifice des essais et de l'attente, les tracas ainsi que les risques de la confection, il nous paraît naturel de charger l'avenir, qui seul en aura le plus clair bénéfice, d'acquitter graduellement la dette du présent. Rien ne nous paraît plus légitime, lorsqu'un emprunt a été contracté pour la confection de grands travaux d'utilité publique, lesquels doivent positivement profiter aux générations prochaines, de laisser à ces mêmes générations une partie des charges que ledit emprunt amène; car il n'est pas permis d'en faire un plus sage et plus utile emploi. Si ces fonds n'étaient appliqués qu'à des futilités, à des choses éphémères, l'avenir ne pourrait que maudire et répudier l'héritage d'un passé odieux, qui ne lui laisserait que des désastres à réparer; mais ici c'est le contraire, l'avenir nous bénirait.

Par cette œuvre, n'ouvririons-nous pas en effet les portes de l'Algérie à la civilisation et à l'industrie? Ne lui ferions-nous pas prendre le rang qu'elle doit avoir à côté de l'Empire français? et ne serait-ce pas un instrument de prospérité toujours puissant, toujours fécond, que nous laisserions à nos neveux? L'emprunt employé dans des vues économiques et civilisatrices est une *bonne œuvre* lorsque tant d'améliorations matérielles, comme l'Algérie les réclame, sollicitent son concours.

Ce grand acte accompli, l'Algérie n'aurait plus qu'à marcher, progresser, et devenir, la constitution aidant : « Ce grand royaume en face de Marseille qu'il faut « assimiler à la France. »

Certaines opinions désireraient peut-être demander cet argent à l'impôt, aux centimes additionnels, etc., etc... ; mais en ôtant tout ce que ces dispositions ont de vexatoire, il faut dire qu'elles sont toujours ruineuses dans un pays de création récente où le citoyen a tout à faire, tout à créer, où au lieu d'impôts il a plutôt besoin d'encouragements et de secours. Et puis, le résultat quel serait-il en chiffres? il serait presque nul, en admettant même que tout concourût à renforcer les recettes : impôt foncier, impôt mobilier, impôt sur les boissons, impôt sur les tabacs, etc., etc.; il serait presque nul, disons-nous, relativement à l'importance de la somme qui est nécessaire, — ou plutôt, cette assistance ne serait pas assez radicale, pas assez suffisante, pour entreprendre et exécuter de grandes choses ; car, il ne s'agit pas seulement d'avoir des fonds pour l'entretien des travaux faits, il faut des fonds pour les travaux neufs. Il n'y a donc qu'un moyen, — ce moyen, c'est l'emprunt.

La première, sinon la meilleure raison que l'on puisse invoquer en faveur de l'emprunt, c'est la nécessité; mais une autre considération, toute puissante en économie sociale, c'est que l'emprunt prélève les capitaux sur les revenus, tandis que l'impôt les détourne de la production. En effet, l'impôt s'adresse à la masse de la nation, aux hommes actifs, aux producteurs réels; l'emprunt s'adresse au contraire, — puise au superflu des propriétaires, et va chercher l'argent là où il dort, où il fructifie le moins. Donc, l'emprunt vaut mille fois mieux que l'impôt, surtout pour l'Algérie qui est en voie de transformation, en train de se faire.

Maintenant, qu'est-ce qu'un emprunt public?

Sous bien des rapports l'emprunt public ne diffère guère d'un emprunt particulier qu'en ce qu'il se fait par un gouvernement au nom et pour compte de la société qu'il représente. Or, tout le monde connaît le motif, la voie, le but d'un emprunt privé... Un homme dans les affaires, jeune encore, offrant des garanties morales *ou* matérielles, veut étendre le cercle de ses opérations, augmenter son capital, apporter des améliorations dans ses achats, profiter des escomptes, etc..., il emprunte. Il est bien rare que cet homme, s'il est intelligent et économe, n'arrive pas à rembourser son emprunt et à se faire une brillante position; car, s'il emprunte, c'est pour réaliser à coup sûr des bénéfices plus grands que l'intéret qu'il sert, et par conséquent pour s'enrichir ou essayer de le faire.

Et remarquons qu'un simple particulier n'a point l'avenir pour lui, que sa vie est bornée à quelques années, au-delà desquelles sa puissance et ses ressources périclitent, tandis qu'un pays comme l'Algérie, un royaume, un gouvernement en un mot, est le centre durable d'où part toute vie, où convergent tous les intérêts; remarquons surtout que la prospérité d'une nation dépend presque toujours de l'impulsion qui est donnée à ses travaux d'utilité publique et de leur confection la plus parfaite.

On a dit que ce n'était pas l'abondance de l'argent qui rendait les emprunts faciles, mais c'est l'abondance des garanties d'abord, et ensuite l'abondance des *valeurs mises en circulation et en jeu* par le fait de ces mêmes emprunts. En effet, un gouvernement, comme un particulier, trouve plus ou moins facilement à emprunter et à des conditions plus ou moins rigoureuses selon qu'on a plus ou moins confiance dans ses RESSOURCES FUTURES, dans sa BONNE FOI et dans ses CHANCES DE STABILITÉ. C'est là ce qui constitue le crédit proprement dit, ce sont ces trois principes qui en forment l'essence.

Voyons si l'Algérie peut présenter ces trois principes, ou plutôt ces trois garanties fondamentales; — mais avant, ajoutons un mot sur la nature de l'emprunt algérien tel que nous l'entendons.

Tout le monde sait que lorsque les emprunts furent imaginés par les gouvernements, ils furent temporaires, remboursables à époques fixes, avec jouissance d'un certain intérêt tant que durerait l'emprunt; mais les besoins devinrent si grands, on usa tant et si vite de cet expédient, que le remboursement devint bientôt impraticable. Il ne fut plus question dès-lors de restituer le capital, mais on déclara le service de l'intérêt perpétuel, obligatoire et sacré comme dette nationale.

Empressons-nous de dire que ce n'est pas là le système que nous voulons préconiser, et que non plus il ne peut être redouté pour l'Algérie.

« Cependant il ne semble pas que les rentiers trou-
« vent leur désavantage dans ce même système : en

« prêtant à l'Etat, même sans espoir de retour, ils se « sentent en toute commodité, car ils savent qu'avec « lui ils sont exposés aux moindres chances possibles de « perte. L'Etat est, après tout, le débiteur le moins « faillible ; et quand son crédit est ébranlé, celui des « particuliers, celui des propriétés l'est bien davantage.» Nous ne citerons à l'appui de cela que le discrédit dans lequel étaient tombées toutes les propriétés immobilières de France et principalement de Paris en 1848 (1). Tous les emprunts de l'Etat ne se font pas de cette seule manière, mais nous répétons que cette crainte ne peut exister en ce qui concerne l'emprunt algérien. D'abord, si les gouvernements ont fini par ne plus restituer le capital, c'est qu'ils ne se sont pas contentés d'un seul emprunt; des emprunts successifs et multipliés sont venus se joindre au découvert ordinaire des budgets — (ici nous ne faisons aucune allusion aux débats tout récents de nos Chambres, mais nous nous reportons plus avant dans notre histoire, sous le roi Lous-Philippe, par exemple). — Ces emprunts multipliés ont débordé la situation, et il n'a plus été permis de les couvrir.

L'Algérie n'est pas dans le même cas : premièrement, elle ne doit rien et son compte d'emprunt est en blanc; — quand on ne doit rien on est déjà riche, dit le proverbe, — ensuite, de découvert de budget, elle n'en a

(1) Une maison, rue St-Martin, d'une valeur réelle de 300,000 fr. n'a été vendue, en 1848, que 80,000 fr., et n'a pas pu couvrir une première hypothèque de 100,000 fr., consentie en faveur d'une personne de notre connaissance, laquelle en a été pour 20,000 fr. de perte bien positive. Cette même maison vient d'être vendue, il y a un mois, à la Chambre des notaires de Paris, 312,000 fr. H. G.

pas. Au contraire, le dernier budget se solde par un excédant de recettes. On voit bien que la situation n'est pas la même.

Maintenant, avons-nous besoin de dire et de faire ressortir que cette innovation financière pour l'Algérie n'est pas une nouveauté en matière coloniale, et s'il était nécessaire, pour justifier et décider la question qui nous occupe, de citer des exemples, nous pourrions en puiser à pleines mains chez nos voisins les Anglais et ailleurs. En effet, la plupart des colonies anglaises, le Canada, les Indes, l'Australie, etc., émettent des emprunts qui sont couverts, soit dans la colonie même, soit dans la métropole : c'est ainsi, qu'en 1859, un emprunt considérable pour les Indes a été émis et réalisé, et les obligations se négocient aujourd'hui à la bourse de Londres sous le nom d'*emprunt indien*. Mais, sans aller si loin, n'avons nous pas en France la *Société du Crédit colonial*, autorisée par décrets impériaux du 24 octobre 1860 et du 13 octobre 1861? institution toute privée, agissant sans aucune garantie de l'Etat, et dont le siége est au comptoir d'escompte de Paris. Seulement, cette société du crédit colonial, toute française (qui émet en ce moment même, mars 1862, son deuxième emprunt de trois millions, lequel sera facilement couvert), est destinée à faire des prêts aux propriétaires producteurs des colonies françaises, l'*Algérie exceptée*. Pauvre Algérie!

Voici cependant les garanties qu'elle peut présenter aux capitalistes.

III.

Ressources futures. — Personne ne méconnaîtra la richesse de son sol, la variété et l'abondance de ses produits; en première ligne il faut placer les céréales, ensuite les huiles, les vins, le coton surtout appelé à un grand avenir, les tabacs, etc. M. Michel Chevalier a dit dans la séance du Sénat du 26 février dernier : « . . . la « base de tout travail ne manque pas en Algérie et donne « des conditions bien avantageuses. Il y a le blé, il y a la « garance, la soie, le vin, l'olive; il y a le bétail, le chêne- « liége, des mines de fer et de cuivre. » Ajoutons que l'Algérie a des matières premières pour presque toutes les industries françaises, qu'elle possède quarante millions d'hectares, c'est-à-dire l'étendue des trois cinquièmes de la France, ou, si l'on aime mieux, l'étendue de cinquantre-trois départements français; qu'elle a des forêts immenses, des mines riches et abondantes, des ports magnifiques, des villes considérables, etc., etc. Avec tout cela que ne peut-elle produire.

Les grains, les laines, les bestiaux, les fruits, les légumes frais, les minerais, les bois, les marbres, voilà pour le moment ses productions importantes, ou pour mieux dire ses exportations, auxquelles nous devons ajouter les cotons et les tabacs. Dans un avenir peu éloigné, l'industrie viendra, forcément par voie de conséquence, apporter et ajouter le tribut de ses œuvres à cette nomenclature; et ces produits attendus ne sont pas de ceux qu'il faille deux ou trois vies d'homme pour les conquérir. Tout est prêt, la matière première est là!

elle attend l'ouvrier et le fabricant ; il ne faut plus que la confiance, c'est-à-dire le capital, et demain l'œuvre peut commencer.

Faisons les grands travaux les plus utiles ! Cette nouvelle mise, ajoutée aux premières mises de fonds du gouvernement et des colons, donnera une valeur centuple au pays. N'est-il pas vrai qu'en ajoutant à la valeur intrinsèque actuelle de l'Algérie, cette valeur nouvelle des routes, des chemins de fer, des ports, etc., les garanties ne pourront qu'augmenter, et qu'alors la sécurité pour les capitaux ne fera plus doute. Ce moment arrivé, l'Algérie présentera tout autant de garanties que n'importe quel gouvernement européen.

On pourra objecter, en présence du chiffre plus ou moins considérable de l'emprunt, qu'il est beaucoup d'œuvres dont l'utilité demeure longtemps inférieure à la valeur des capitaux, perdus en apparence à les accomplir ; mais à cela nous répondrons (malgré qu'il soit incontestable que tout ce qui se fera pour l'Algérie produira immédiatement) que plus tard ces œuvres rendent presque toujours au centuple les frais énormes de leur établissement Un seul exemple, pris au hasard, suffira pour le prouver : Lorsque Riquet, l'immortel fondateur du canal du Midi, obligé de recourir à ses propres fonds, succombait à la peine et mourait criblé de dettes, il laissait une œuvre qui, un siècle et demi après lui, donnait une somme de services productifs de plus de 20 millions par an.

Ne craignons pas de dire que l'œuvre algérienne, sans avoir les vicissitudes de Riquet, rendra aussi un jour un chiffre de services productifs largement rémunérateur.

Bonne foi. — Dirons-nous de tous ces hommes de

bonne volonté, de tous ces ouvriers de la première et de la deuxième heure, venus ici pour planter le drapeau de la civilisation, qu'ils méritent cette *confiance* demandée, qu'ils ont droit à cette *bonne foi* exigée dans toutes les transactions et dans les grandes opérations financières. Ne sont-ils pas venus volontairement en Afrique? N'ont-ils pas traversé la mer, eux, leurs enfants et leurs femmes? N'ont-ils pas affronté aussi toutes sortes de dangers? Et puis, que de déboires, que de misères n'ont-ils pas essuyés? que de maladies, que de morts autour d'eux, parmi eux!...

L'histoire dira un jour combien ces martyrs du travail et de la famille ont bien mérité de la patrie, et ne craindra pas de les placer à côté de ces martyrs de la gloire et du devoir qui ont versé leur sang pour la conquête. Et si ces pionniers de toutes les heures ont souffert cela pour venir s'implanter et s'installer dans le pays, c'est qu'ils ont la ferme volonté d'y rester, d'y continuer l'œuvre de la colonisation et d'en être les plus fermes soutiens; ils ont la conviction d'arriver au but désiré, et, en travaillant pour eux, ils travailleront toujours pour le bien et la prospérité de la colonie. Ils sont installés légalement, ils ont acquis ou on leur a concédé, mais ils possèdent légitimement; ils ont adopté l'Algérie pour patrie, leurs enfants n'en connaissent pas d'autre. Disons encore que leurs terres s'améliorent, leurs fermes s'agrandissent, leurs troupeaux augmentent, et le bien-être arrive, en même temps que le succès, tout doucement chez eux. Il y a sans doute des exceptions malheureuses, mais dans quelle contrée du globe des exceptions pareilles ne se rencontrent-elles pas?

Dans les villes, le commerce est florissant, les transactions deviennent plus sûres et plus importantes, les maisons de commerce prennent plus de solidité et de puissance. Des établissements financiers, publics et privés, fonctionnent avec beaucoup de succès; les fortunes particulières se régularisent et sont mieux assises que par le passé. Les édifices s'élèvent de toutes parts; les constructions modernes et confortables remplacent les ruines ou les vieilles maisons arabes. De grands travaux privés et des entreprises sérieuses surgissent; des usines importantes fonctionnent, des compagnies minières, sérieuses, sont installées, etc.; enfin le crédit est largement ouvert en matière commerciale.

Voilà les garanties morales et en partie matérielles que l'Algérie présente. S'il est vrai qu'il faut admirer la Providence mesurant la félicité aux œuvres, et rendant l'homme d'autant plus heureux qu'il progresse dans l'accomplissement de ses devoirs sociaux, il faut reconnaître aussi qu'un des plus grands motifs et une des plus hautes raisons qui puissent attirer la *confiance,* lorsque le discernement la précède à l'abri de toute crainte chimérique, c'est quand on remarque que les forces de tous se joignent dans un mutuel accord, qu'elles font cause commune et qu'elles tendent toutes réunies vers le même but. Cela implique la *bonne foi* et la justifie!

Chances de stabilité.— La France, à plusieurs reprises, a pris l'engagement solennel de conserver intactes ses possessions de l'Afrique septentrionale. L'Empereur, dans un discours célèbre, a dit que nous avions en face de Marseille un royaume à assimiler à la France. Tous ces engagements, pris à la face de l'Europe, sont autant d'actes (ceux-là scellés du sceau d'un grand pays et enregistrés dans les archives des nations), qui constituent notre inamovible et insaisissable propriété.

A l'appui de cette reconnaissance officielle, la France a beaucoup fait pour l'Algérie; ses immenses sacrifices sont là pour attester l'importance qu'elle attache, malgré tout, à sa plus belle colonie. S'il est vrai de dire qu'elle n'a pas pris à son égard une de ces grandes mesures qui changent subitement la face d'un pays essentiellement perfectible comme l'Algérie, on ne peut méconnaître, à moins d'être injuste, tout ce qu'elle y a fait et les dépenses considérables qu'elle y a appliquées : « Des « routes sont ouvertes, des ports sont améliorés, une « voie ferrée sera bientôt livrée à la circulation, des « dessèchements sont pratiqués. » Des bâtiments militaires immenses existent dans toutes les villes; des fortifications, des hôpitaux, des églises, des édifices de toute nature, des phares, etc., etc., s'élèvent, attestent et justifient les débours de l'Etat. S'il faut le dire en toute vérité : ce sont plutôt les faveurs purement politiques et libérales qui ont manqué au pays que les faveurs d'argent, c'est plutôt dans l'application de ces dépenses qu'il y aurait, peut-être, quelque chose à critiquer, car on aurait préféré voir ces dépenses se consacrer plus spécialement à la colonisation. Cependant ce qui est fait n'en a pas moins son importance, sa valeur et son utilité; c'est toujours une mise de fonds, importante et précieuse, qui augmente les garanties algériennes.

Si l'on considère tout ce que l'initiative privée a déjà produit, si l'on veut jeter un coup-d'œil sur ces petites villes et ces villages (dans cette œuvre il y a une part qui revient à l'Etat) sortis par enchantement du sein de la terre, là où, il y a quelques années à peine, ne croissait que le cruel palmier-nain, si l'on remarque ces bâtiments somptueux et ces constructions régulières et nombreuses qui ornent les anciennes villes, et dans la plaine, tout autour des centres, ces mille et mille fermes, semblables à des oasis dans les champs, et enfin tous les défrichements, les cultures, les plantations d'arbres, de vignes, etc... il faudra bien reconnaître que, malgré les difficultés, l'œuvre colonisatrice a fait du chemin — il faudra bien avouer que l'œuvre fécondante, poussée par l'irrésistible intuition du bien, a marché. Et si l'œuvre s'est soutenue, si elle progresse, que ne sera-ce point lorsque tous les grands travaux de viabilité, les chemins de fer, les barrages, effectués à l'aide de l'emprunt, viendront apporter la facilité de locomotion et la fécondité là où aujourd'hui il y a le *vide*.

La stabilité la plus grande, la plus sûre, est dévolue à une colonie qui, par son voisinage de la France, doit être considérée plutôt comme un ou plusieurs départements limitrophes que comme un pays lointain. En effet, le voisinage de la France et les moyens formidables de défense dont l'Algérie dispose, rendront toujours la situation de celle-ci inhérente, identique à celle de la métropole ; et comme il n'y a pas lieu de craindre pour la France, Dieu merci ! il n'y a aucune crainte à concevoir pour l'Algérie.

Ajoutons que la pacification du pays est complète : des Beni-Snassen aux frontières de la Tunisie, on voyage on va et on vient avec la plus grande sécurité ; cavaliers, piétons, messageries circulent avec autant d'assurance que sur les plus belles routes de France. Les Arabes, domptés et calmes, commencent à apprécier les bienfaits de notre civilisation ; ils se rendent insensiblement compte des objets et des produits de de l'industrie nécessaires à notre existence européenne, et commencent à se les appliquer.

Nous établissons et nous certifions que les garanties de stabilité sont même plus complètes en Algérie que dans bien des provinces et des Etats de l'Europe ; car l'Algérie n'a pas à craindre les révolutions et les émeutes politiques (sources de tant de malheurs), le manque d'ouvrage, la stagnation des fabriques, la trop grande cherté du pain, les inondations (1), etc..... tous ces fléaux qui s'abattent si fréquemment sur les royaumes d'Europe et qui en sapent parfois les bases les plus essentielles.

Ne dirons-nous rien de cette position militaire, tant vantée par les hommes compétents, qui domine et s'étend sur une grande partie du littoral méditerranéen, et qui sert de contre-appui aux côtes de France ? Cela n'a-t-il pas une grande valeur ?

Ne parlerons-nous pas aussi de cette école militaire pratique, si essentielle à la métropole, qui nous a déjà donné tant d'hommes illustres et qui a élevé l'armée française au premier rang.

En somme et pour conclure, l'Algérie présente les garanties matérielles suivantes : (ici ce sont presque les chiffres qui parlent.)

(1) Nous venons de lire à l'instant le déchirant récit des inondations de la Californie ; ce pays tant vanté, si florissant, est presque perdu, ruiné.

1° La position politique, stratégique et commerciale du pays, l'étendue de son territoire ;

2° La fertilité de son sol, la richesse de ses mines et de ses forêts, l'immense variété et l'abondance de ses produits ;

3° Les immenses travaux faits par l'Etat en fortifications, routes, ports, édifices et établissements de toute nature ;

4° Les non-moins grands travaux exécutés par l'initiative privée en constructions, usines, défrichements, cultures et plantations.

Après cet exposé, s'il est vrai que la stabilité des choses humaines soit subordonnée à la nature des lieux privilégiés où elles sont placées — ou bien à leur condition propre — ou à la réunion des moyens de conservation qui les protège, s'il est bien vrai que cette stabilité ne soit reconnue évidente que lorsque toutes les circonstances concourent à la favoriser et à la maintenir... nous croyons, nous avons la ferme conviction, que peu de contrées au monde sont aussi admirablement placées que l'Algérie, pour obtenir ce résultat.

En finissant, nous posons donc cette question : Pourquoi l'Algéric n'emprunterait-elle pas?

Nous avons voulu démontrer la *nécessité, l'opportunité* et *la possibilité* d'un emprunt Algérien ; mais quant à l'autorisation nécessaire de la part de la métropole, quant à la manière dont il pourra être décidé en principe et arrêté en Algérie, quant à ces conditions constitutives et à son émission... nous n'en parlerons pas. Le Gouvernement de l'Algérie et la *Chambre coloniale* seront seuls compétents pour cela, et auront seuls le droit d'en indiquer le caractère et la marche.

23 mars 1862.

UN PROJET DE BANQUE AGRICOLE.

Projet d'une Banque agricole en Algérie, ayant sa direction générale à Alger, ses directions particulières dans tous les chefs-lieux d'arrondissement, et son bureau de correspondance à Paris, au Comptoir d'escompte.

I.

Il est démontré, il est parfaitement reconnu aujourd'hui que ce ne sera que par la colonisation, c'est-à-dire en prenant ce mot dans son acception propre et en se reportant exclusivement à sa racine qui, du latin *colere, colo,* veut dire : cultiver, labourer, faire valoir un champ..... Ce ne sera que par la culture des terres que le pays européen et indigène, l'Algérie entière, se transformera matériellement et moralement ensuite, et entrera vigoureusement dans la voie du progrès et de la civilisation. L'industrie, avec tous les éléments de première installation favorables et nombreux qu'elle rencontrera dans le pays, avec les matières premières qui seront sous sa main, fera son œuvre aussi de concert avec elle, naturellement, forcément par voie de conséquence.

C'est à cette transformation successive et fécondante que la France doit vouloir aboutir. C'est en entrant résolûment dans cette combinaison, avec tous les moyens propres de réussite, qu'il sera permis un jour à la colonie de devenir véritablement florissante et de rendre à la métropole les avances qu'elle a faites ; « car, la France, « en conservant l'Algérie, n'a pas eu seulement pour « but de civiliser les populations qu'elle y a trouvées ; « elle veut aussi — elle doit vouloir — faire de l'Algérie « un pays productif qui la dégrève un jour, la secoure « au besoin, l'aide à assurer contre toute éventualité « l'*alimentation* de ses habitants, et favorise, par l'ac- « croissement de sa population, la diminution de l'armée, « c'est-à-dire d'une notable partie de ses dépenses « actuelles. »

Nous soulignons à dessein et nous nous appuierons de préférence sur ce mot d'alimentation, parce qu'il représente une des questions capitales qui régissent les sociétés modernes ; et cette question, toute d'actualité, a, pour nous, une double importance et un double intérêt, puisqu'elle intéresse tout à la fois et tout autant la métropole que la colonie.

En effet, ne venons-nous pas de voir la France, il y a quelques jours à peine, être obligée de demander et de retirer de l'étranger, de l'Amérique principalement, pour environ 300 millions de grains et farines nécessaires à sa subsistance? mesure nécessitée par le manque de récoltes depuis deux ans et éminemment sage. Et pour comble de malheur, à cause de la guerre qui règne aux Etats-Unis, ces 300 millions ont été bien positivement perdus ; ils sont bien réellement sortis de la métropole en espèces et non en marchandises, l'Amérique n'ayant rien demandé à la commission cette année — pourtant en temps ordinaire l'échange entre les deux pays est toujours en faveur de la France. Le commerce français est riche, dira-t-on ; oui, sans doute ! mais n'aurait-il pas mieux valu que ces 300 millions ou une bonne partie eussent été versés dans la colonie en produits manufacturés français?

Il est vrai que, par une coïncidence fâcheuse, la récolte de 1861 en Algérie n'a guère été plus brillante qu'en France. Mais, si sur les quarante milllons d'hectares de terres disponibles dans le pays, après toutes les réductions qu'on voudra faire sur ce chiffre, un quart, que disons-nous? un dixième seulement avait été mis en bonne culture, croyez-vous que la métropole aurait été obligée de verser à l'Amérique du nord, à la Russie méridionale, ces 300 millions? Ne seraient-ils pas bel et bien tombés en Algérie?

Le pays est dominé par les armes depuis longues années, il faut aujourd'hui le dominer par la colonisation vraie et sincère. Aujourd'hui, disons-nous, il importe bien plus de s'approprier le territoire par la culture que de régner sur ceux qui le possèdent sans le cultiver ou qui en condamnent la plus grande partie à demeurer stérile.

Qu'on y pense et qu'on se le persuade bien. L'Algérie, qui autrefois s'appelait le grenier de Rome, ne mentira pas à son origine; elle détrônera, un jour qui ne peut être éloigné, tous ces blés, tous ces grains de la mer Noire qui inondent les ports de Marseille; elle détrônera toutes ces farines d'Amérique qui inondent les ports de la Manche. Les grains sont déjà pour elle une importante et sa principale exportation; mais il faut qu'elle devienne le grenier permanent de la France, comme elle le fut jadis de Rome,... il faut que dans un moment de pénurie de grains, dans un moment de disette, elle soit toujours là,... elle et ses silos.

Mais, nous l'avons dit, ce qui manque à l'Algérie ce n'est pas la terre, ce n'est pas la fécondité, ce sont les hommes et les capitaux. Ce qui lui manque... c'est la liberté ! et, ce que nous entendons par ce mot de liberté, ce sont : les droits politiques les plus étendus — le libre arbitre de faire et d'agir avec les terres à son gré, sans contrôle et sans obstacle — peu ou pas d'entraves administratives — et toutes les immunités compatibles avec la sûreté et l'ordre public. Voilà notre liberté !

Que la constitution nous soit donnée, que des institutions libérables nous soient appliquées, qu'une plus large facilité d'avoir des terres et un prix adouci soient accordés aux nouveaux venus, que la plus grande liberté d'action soit laissée au cultivateur,..... et vous verrez la confiance, et à sa suite les émigrants et les capitaux accourir !

L'histoire nous apprend : que la perte même de leur liberté engageait souvent une partie de certains peuples à quitter leur patrie pour former une nouvelle société plus conforme à leur génie et à leurs aspirations, et que ces sociétés devenaient rapidement des colonies florissantes.

Ce n'est que de cette façon qu'on peut s'expliquer le succès prodigieux des Etats-Unis, et de bien d'autres pays, soit dans les temps anciens, soit dans les temps modernes.

Il s'ensuit de là, il devient évident que la liberté est rigoureusement nécessaire, *sine quâ non*, à la création et au progrès d'un établissement colonial.

Or, s'il est vrai que la rapide prospérité d'une colonie dépende exclusivement de plus ou moins de liberté qui lui est donnée, il ne faut pas être surpris de voir que l'Algérie n'a fait que se traîner, malgré tout ce que la métropole a fait pour elle ; car, nous y trouvons précisément tout le contraire de ce qui est demandé pour faire fleurir un établissement de ce genre. On l'a dit au Sénat, et c'est vrai : « L'homme qui quitte l'Europe « pour aller en Algérie perd immédiatement tous ses « droits politiques ; il n'a plus droit d'élections à aucun « degré. »

Eh ! pourquoi voulez-vous que l'Européen, si avide de conserver les droits propres à son titre de citoyen — droits pour lesquels lui ou ses pères ont combattu — vienne en Algérie pour les perdre ?

Il s'en va en Amérique !

S'il ne peut plus rester dans sa patrie, s'il ne peut plus s'y suffire, — si une nombreuse famille, la misère, que sais-je ? des déceptions... l'engagent à s'expatrier ! le seul titre, le seul bien qu'il possède encore et qu'on ne peut lui ravir, le titre de citoyen qui est bien à lui et qu'il va délaisser à regret..... où le retrouvera-t-il ?

En Amérique !.... et il y va.

Donnez-le lui en Algérie, avec des facilités d'action analogues à celles qu'il trouve aux Etats-Unis, et il viendra en Algérie !

Vous aurez résolu le problème.

Qu'on nous pardonne cette digression, mais il nous semble qu'elle n'est pas tout-à-fait étrangère à notre sujet.

Nous disions que la France devait vouloir aboutir à faire de l'Algérie un pays colonisé et industriel, une contrée riche et florissante susceptible de s'acquitter un jour envers elle. Conséquence doublement favorable et à la colonie et à la métropole. En effet, si l'on récapitule tous les avantages, tous les biens que ferait à la France, la colonie pourvue de tous les moyens de prospérité dont on peut la doter, on ne résistera pas à reconnaître qu'elle pourra devenir sa puissante auxiliaire.

Pour arriver à ce résultat, qui est d'un sens élémentaire comme les premières notions du rudiment, la France trouvera-t-elle « un obstacle capable de l'arrêter « sur cette terre féconde et glorieuse destinée à la « doubler un jour en richesse et en puissance! » Nous ne le pensons pas.

Si cependant les efforts qu'elle fait pour cette œuvre sont jusqu'ici impuissants, si sa générosité ne produit pas les fruits justement attendus, et si les remèdes qu'elle apporte ne donnent pas la guérison;... c'est que, disons-le franchement, en-dehors de toutes les considérations de principes que nous venons d'analyser, ces remèdes ne sont que calmants, ces secours ne procurent qu'un bien-être et qu'un encouragement passagers, ces prêts de semences ne donnent que l'avance de quelques mois (1). Au lendemain de tout cela, la gêne, souvent la misère, retourne à la ferme, parce qu'il faut rendre le tout à la première récolte bonne ou mauvaise. Nous considérons toutes ces assistances momentanées, sous quelque dénomination qu'elles viennent, comme de petits moyens, c'est-à-dire comme des moyens transitoires ou plutôt aléatoires, capables de calmer, mais impuissants à guérir; et, ce qu'il faut avant tout, c'est une guérison complète!

Or, comment la France pourrait-elle atteindre ce louable dessein? si elle ne donnait immédiatement à

(1) Comment sont-ils faits quelquefois? Voir l'*Echo d'Oran* du mois de novembre 1861.

l'Algérie le sénatus-consulte constitutif promis par l'article 27 de la Constitution française, qui doit nous amener la sécurité et la confiance, c'est-à-dire les bras et les capitaux ; « si elle ne facilitait une plus grande « extension à la colonisation en donnant à l'élément « cultivateur, dans le pays, toute l'importance qu'il « peut avoir, la liberté de culture la plus complète, la « prise de possession régularisée et immédiate ; » — et enfin, si elle ne créait pour ce même élément un mode de secours régulier, permanent, facultatif et surtout indépendant.

Nous pensons qu'une puissante combinaison financière capable de donner à la culture, jusque dans ses cantons les plus éloignés, un secours direct, radical, durable, arriverait infailliblement au but démontré et reconnu.

II.

Cette combinaison ne serait autre que la création d'une institution de crédit qu'on pourrait désigner sous le nom de Banque Agricole : titre déjà mis en avant et accepté avec enthousiasme par tous les Algériens, mais dont les différents systèmes ne nous paraissent pas renfermer des conditions assez simples pour une prompte et facile exécution. En effet, plus vous voulez accomplir une œuvre féconde et durable, plus il vous faut la dégager de toutes les entraves, de toutes les charges, de tous les embarras qui peuvent arrêter ou détourner sa marche. Il faut donc la réduire à sa plus simple expression, et, en concentrant tous les efforts sur un seul point, marcher résolûment vers le but proposé.

En conséquence, dans le système que nous avons l'honneur d'exposer ci-après, point de magasins de dépôt et de vente à créer, pas de nantissement en nature, pas de marchandises ni de denrées à recevoir, reconnaître, emmagasiner, surveiller et vendre pour compte des colons : dispositions qui entraînent avec elles une infinité d'employés, de démarches et de dépenses, et peuvent entraîner aussi une multitude de difficultés et de contestations en cas d'avaries ou autres accidents. Le rôle qu'aurait à remplir la Banque agricole consisterait *tout simplement et uniquement* à prêter aux colons de l'argent, *en espèces sonnantes,* sur la garantie de leurs immeubles. Toutes spéculations et toutes affaires de banque, de commerce, d'effets publics et privés lui seraient interdites. Cette seule opération donnerait lieu incontestablement à fort peu de frais de gestion et à un nombre très-restreint d'employés ; et ces premières économies, qui sont surtout dans les grandes affaires les plus clairs et les plus beaux bénéfices, viendraient en aide à l'œuvre et seraient son premier profit.

Comprend-on bien le puissant effet moral produit en faveur de l'Algérie par cette institution de crédit se développant dans tous les rayons colonisés, par cette confiance donnée à l'agriculture, à la propriété rurale proprement dite, et par ces prêts d'argent faits sur la seule garantie des fermes, concessions, plantations, etc... jusqu'à présent inaccessibles à tous les *emprunts même les plus déréglés.*

A partir de ce moment, une révolution salutaire ne

surgirait-elle pas à l'avantage de la colonie? Ne serait-ce pas la transformation, la véritable régénération de la propriété immobilière?... car, la Banque prêtant à la culture, même éloignée des centres, même isolée, les capitaux particuliers encouragés, enhardis par cet exemple, ne viendraient-ils pas s'offrir aussi à la propriété rurale la plus voisine d'abord? et ne se jetteraient-ils pas ensuite dans l'intérieur? Ils y viendraient par la force des choses, et ce jour-là... la solution serait trouvée.

Que faut-il au colon pour changer sa condition actuelle, pour le sortir de cet état de torpeur dans lequel il se traîne depuis longtemps? Que lui manque-t-il pour défricher toutes ses terres, multiplier ses plantations, augmenter son troupeau? — Quelques avances, c'est-à-dire un peu de numéraire qu'il ne soit pas obligé de rembourser dès le lendemain, qu'il puisse garder par devers lui tant que les besoins existent et le réclament; un secours durable qui l'alimente et le soutienne jusqu'à l'arrivée des bonnes années, et ne lui inspire aucune crainte, ni aucune fâcheuse impatience. Il faut que, sans avoir besoin de vendre ses produits à la hâte et à perte, ce qui arrive très-fréquemment aujourd'hui, il puisse attendre une heureuse récolte — laquelle lui permettra de se libérer sans secousse et sans dommage. C'est donc du numéraire à long terme qu'il lui faut véritablemnt.

Si l'abondance du numéraire n'est pas précisément la cause de la richesse des Etats, elle y contribue puissamment; si ce n'est point l'aliment dont se nourrit le colon, l'outil qu'il emploie dans ses travaux, le perfectionnement dont sa concession a besoin, le numéraire sera l'équivalent qui lui permettra de se procurer toutes ces choses par la voie des échanges ; de là : le mouvement social, l'agriculture, le commerce et l'industrie.

La Hollande, placée sur le sol le plus ingrat et sur les rivages les plus dangereux — sur un terrain entièrement factice, œuvre de courage, de patience et de patriotisme — la Hollande est la plus riche nation du monde en agriculture. Pourquoi? parce qu'elle regorge de numéraire. Oui, nous dira-t-on, mais quoiqu'on fasse en Algérie, jamais l'abondance des capitaux ne pourra être comparée à celle qui existe en Hollande! Cela peut être fort possible, mais ici les difficultés naturelles ne sont pas les mêmes, tant s'en faut, le climat est autrement favorable, les productions sont autrement abondantes et variées, et nous croyons qu'on fera tout de même avec bien moins d'argent ; du moins, si l'on faisait comme dans ce pays exceptionnel, ce serait trop beau, on fera à peu près, espérons-le, et ce sera beaucoup. Quoiqu'il en soit, essayons toujours, et ce ne sera pas un mauvais essai, nous en sommes certain.

Nous disions tout-à-l'heure que la propriété rurale en Algérie, c'est-à-dire les fermes, concessions, plantations, défrichements, etc., étaient inaccessibles aux emprunts même les plus déréglés. Examinons.

Le taux de l'intérêt légal dans la colonie est à 10 p. o/o par an, il est à 12 p. o/o en matière commerciale, et illimité dans les transactions ordinaires, mais généralement il ne dépasse pas le 15 p. o/o par an.

L'argent est une marchandise comme tout autre produit du travail humain, il faut le reconnaître ; comme toute denrée il est soumis à la loi de concurrence ; en cette qualité, sa valeur varie suivant la loi générale en proportion de sa rareté ou de son abondance relative. Il est naturel et même nécessaire que, suivant qu'il est offert et demandé, selon qu'on a plus ou moins besoin de ses services, selon le risque plus ou mois grand couru par le prêteur, le prix payé pour son usage s'élève et s'abaisse. L'argent étant rare et très-demandé en Algérie, l'intérêt en est très-élevé; mais tout cela est temporaire, c'est l'affaire de quelques années, et peut-être... demain il tombera.

Le jour où la constitution sera donnée au pays, et avec elle la confiance, le jour où un grand *emprunt* public se réalisera, et nous en avons démontré la possibilité dans un travail précédent... ce jour-là les capitaux se montreront de tous côtés et l'intérêt baissera. Nous disons que la diminution de l'intérêt est toujours en raison inverse de l'augmentation des capitaux ; et cette diminution de l'intérêt est toujours un fait tellement favorable qu'il faut y voir le signe le plus infaillible d'une grande prospérité sociale.

Dans les conditions pénibles, laborieuses, que l'Algérie parcourt, ne soyons donc pas surpris d'y voir l'intérêt de l'argent à 12 et même à 15 p. °/₀ par an. Mais malheureusement ce n'est pas à 12, ce n'est pas à 15 p. ₀/° que le colon peut se procurer des fonds, mais c'est bien à 40, 50 et 60 p. ₀/° par an, qu'il obtient et arrache une faible partie de ce qui lui faut, et tout cela à grand'peine et en perdant beaucoup de temps... et encore ne réussit-il pas toujours !

N'est-ce pas la ruine?

L'institution de crédit qui viendrait à son secours en lui facilitant l'emprunt, et à des conditions modérées serait donc une excellente chose.

3.

Ainsi la Banque agricole Algérienne aurait pour but de faire sans intermédiaire aux colons, principalement aux colons de la petite et moyenne culture, des prêts en argent aux termes de trois, six ou neuf ans, à la volonté des deux parties, ou bien encore au terme d'un an avec faculté de renouvellement jusqu'au terme de trois ans à la volonté de l'emprunteur seul. Ils seraient contractés pour trois, six ou neuf ans, pour donner au cultivateur intelligent, laborieux ou plus favorisé que les autres, la faculté de rembourser son prêt à la période triennale, — ou bien pour un an seulement renouvelable à sa volonté jusqu'au terme de trois ans, pour permettre au colon, qui n'aurait besoin que d'une récolte à l'autre, de se libérer rapidement... tout comme, du côté de la Banque, pour avoir la faculté aussi, à l'expiration d'un terme, de faire restituer les fonds à un colon dissipateur, négligent ou ne payant pas régulièrement les intérêts. Ce procédé qui, tous les trois ans, serait pour l'emprunteur une menace de lui réclamer la somme versée, produirait, nous le pensons, le meilleur effet pour le service régulier des intérêts annuels.

Nous avons dit que le taux de l'intérêt légal en Algérie est à 10 p. °/₀ par an ; il paraîtrait naturel de l'adopter et de l'appliquer aux prêts faits à la culture, cependant nous le croyons trop élevé encore pour aider efficacement le cultivateur. Celui de 8 p. °/₀ nous semble rationnel, et pouvoir être adopté par rapport au peu de frais de gestion et d'administration que nécessiterait l'œuvre que nous proposons. Nous allons expliquer cela plus loin. C'est du reste le taux adopté par le Crédit foncier de France (société qu'un décret impérial en date du 11 janvier 1860 a autorisée à étendre son privilège et ses opérations en Algérie jusqu'à la concurrence du vingtième de ses prêts effectués sur le territoire continental de la France); il est vrai que jusqu'à présent le Crédit foncier ne prête pas à la culture, mais seulement aux communes et aux propriétés urbaines. Une fois, disons-nous, ce chiffre de 8 p. °/₀ accepté, les prêts seraient faits aux colons à ce taux et jamais au-dessus. Le cultivateur trouverait instantanément un soulagement considérable en pouvant se procurer à un intérêt, relativement très-modique, les sommes dont il aurait besoin.

Les prêts ne pourraient dépasser la moitié de la valeur des immeubles qui leur serviraient de garantie, et devraient être faits sur première hypothèque.

Ajoutons que la détermination de la valeur des propriétés rurales serait faite contradictoirement entre les parties intéressées, c'est-à-dire entre l'agent de la Banque et l'emprunteur, de la manière suivante : 1° d'après le plan officiel ; 2° d'après l'importance estimative des bâtiments, et au besoin d'après les pièces justificatives si ces bâtiments étaient de construction privée; 3° d'après la même estimation et les renseignements transmis par l'administration si c'étaient des bâtiments concédés, et 4° d'après la nature du fonds ou terrain, l'étendue des cultures et des défrichements, et l'importance et la nature des plantations, etc., etc. Ce quatrième et dernier point pourrait donner lieu à un tarif, général pour toute l'Algérie, établi et adopté en conseil d'administration.

Le directeur divisionnaire à qui il serait facile de s'entourer de tous les renseignements nécessaires soit auprès des diverses administrations, soit auprès des maires de chaque commune, soit enfin auprès des personnes compétentes de la localité, telles que : entrepreneurs, maçons, charpentiers, cultivateurs, etc., pourrait au besoin prendre l'avis de son conseil consultatif, dont nous parlerons plus loin, pour fixer et déterminer cette valeur.

Cette opération fondamentale serait délicate et difficile, nous n'en doutons pas, attendu que l'estimation des immeubles ruraux en Algérie n'est pas encore même établie ; elle réclamerait donc tous les soins des agents ; mais aussi, elle serait d'autant plus précieuse qu'elle deviendrait incontestablement le point de départ de la véritable valeur des propriétés.

Après avoir indiqué la position du colon par rapport à la Banque agricole, nous allons maintenant développer le caractère et la marche de cette institution de crédit.

III

L'entreprise dont nous parlons serait tout aussi morale et philanthropique que fructueuse et utile, car, en s'accomplissant, elle apporterait les moyens féconds de la transformation du sol, en même temps qu'elle jetterait des racines profondes dans le bien-être général.

Mais une institution de cette importance, pénétrant dans toute la colonie, étendant ses ramifications dans tous les centres, ne peut se réaliser avec le simple concours de quelques hommes, avec le faible secours de quelques capitaux privés. Il faut qu'elle soit une œuvre générale, largement collective, patronnée par un gouvernement!

Ici, se présentent deux combinaisons également acceptables, également possibles : ou un emprunt considérable se réalisera au nom et pour compte de l'Algérie, et alors le gouvernement de l'Algérie et la *Chambre coloniale*, avec l'assentiment de la métropole, décideront en principe qu'il faut consacrer quelques millions à la fondation d'une institution pareille, — ou cet emprunt, écarté pour des causes que nous ignorons, sera renvoyé à un avenir plus ou moins lointain.

Dans le premier cas, le caractère de la Banque agricole sera subordonné au caractère de l'emprunt algérien, ou, pour mieux dire, la Banque agricole dépendra exclusivement de l'emprunt, elle en sera une ramification, elle n'aura que des comptes de gestion à rendre au gouvernement algérien, et rien à faire avec les actionnaires qui seront seulement créanciers de l'emprunt.

Dans le second cas, la Banque deviendra une œuvre isolée, spéciale, entrera en communications directes avec ses actionnaires, ses commettants, et formera un out homogène; mais il lui faudra alors un privilège particulier, une protection étendue, non-seulement de la part du gouvernement algérien, mais encore et principalement de la part de la métropole.

C'est ce second moyen que nous allons étudier, le premier nous paraissant s'identifier avec l'emprunt, et en être le corollaire. Il est vrai que certains détails d'administration pourraient s'appliquer à l'une comme à l'autre des deux combinaisons, mais, sans nous y arrêter, nous prendrons la question sous le point de vue d'une Banque agricole isolée.

Nous demandons que la France, en considération des services rémunérateurs que l'Algérie peut lui rendre, jette les yeux sur cette œuvre algérienne et lui vienne en aide. L'Empereur, dont la main généreuse et protectrice s'étend sur toutes les misères comme sur tous les besoins, lui qui, dans sa pensée exprimée à Bordeaux, a si bien fait comprendre l'importance que l'Algérie devait acquérir un jour, lorsqu'il a dit que nous avions en face des côtes de la France un nouveau royaume à créer..... l'Empereur, disons-nous, voudra bien autoriser son gouvernement à protéger, à soutenir la Banque agricole et à en garantir les premiers fondements.

La garantie de l'Etat dans de certaines limites, et moyennant quelques faibles avantages nouveaux pour les capitalistes, suffira pour pousser à flots précipités le numéraire vers les rives de l'Afrique. On l'a dit, l'argent est impatient, il ne tend, il ne demande qu'à marcher, mais ce qu'il veut : c'est la sécurité. Entrons largement dans la voie de la colonisation; que l'Etat, lui-même, prouve le premier qu'il a entière confiance dans le pays, et nous verrons bientôt le capital français, rompant les barrières qui l'arrêtent encore, venir de son propre mouvement secourir sa plus belle colonie; car, l'argent est loin d'être rare en France, constatons-le, il se porte avec fureur tout aussi bien sur les terrains et les maisons que sur les associations de capitaux qui lui présentent des garanties, et même préférablement, il faut le dire, sur cette dernière spéculation.

En effet, depuis quelques années, les idées ont bien changé en matière financière; il s'est opéré, au point de vue économique, une transformation des vieux intérêts et une révolution dans la fortune publique qui ont rendu la position sociale de chacun subordonnée à l'action générale. Est-ce l'influence de ces emprunts nationaux de 1855, s'élevant à une somme totale de 1,250 millions, souscrits par plus de six cent mille capitalistes gros ou petits? Cela est à croire? Quoiqu'il en soit, notre pays, longtemps resté sourd aux doctrines de l'association des capitaux, s'est aujourd'hui emparé de ces forces nouvelles arrivées à leur maturité et à leur heure pour aider au développement du progrès humain.

C'est ainsi que le capital français a couvert, au-delà même de toutes les espérances, les divers emprunts nationaux, les obligations trentenaires du Trésor et celles des chemins de fer, et les documents prouvent que la plupart des souscripteurs se sont libérés par anticipation; et tout récemment encore n'avons-nous pas vu cet admirable empressement et ce merveilleux résultat à propos de la conversion de la rente 4 1/2 en 3 p. $^0/_0$? Tout cela ne prouve-t-il pas que l'argent est abondant en France, et qu'il n'hésite pas?

« Les caisses de crédit public et privé en sont pleines « malgré les demandes de capitaux que réclament et « obtiennent non-seulement les souscriptions françaises, « mais encore les souscriptions ouvertes chez nous par « les nations étrangères, pour la création ou l'achè- « vement de leurs chemins de fer. La France n'a-t-elle « pas été le banquier d'une partie du monde? Ne peut- « on pas rappeler que l'Espagne, l'Italie, la Russie, « l'Autriche, la Suisse, lui doivent les unes la totalité, les « autres une partie de leurs lignes de fer? La Turquie « n'a-t-elle pas réalisé son dernier emprunt à Paris? »

Comment! le capital français inondera le monde, prêtera à l'Autriche, à la Russie, à la Turquie agonisante... et il fermera sa bourse, refusera son concours à cette seconde France qu'on appelle l'Algérie ! Oh ! non, cela n'est pas possible.

Nous espérons que les nuages qui obscurcissent l'horizon africain se dissiperont, et que le moment viendra bientôt où les capitaux accourront, avec le même entrain et la même confiance qu'en France, au-devant des souscriptions algériennes en général, et au-devant de la Banque agricole en particulier; surtout si l'Etat, donnant le signal, prenait sous sa haute protection l'œuvre dont nous allons expliquer en quelques mots le simple rouage.

Comme on le prévoit bien, il faudra à l'institution qui nous occupe une première mise de fonds assez importante pour rendre son commencement d'action sensible. Il y a de grands maux, il faut de grands remèdes. Une somme considérable nous paraît donc nécessaire, indispensable. Pour que ce remède soit efficace, il faut autant que possible qu'il s'étende et se répartisse un peu partout. Nous croyons qu'en fixant cette mise à un chiffre de 12 millions, nous ne sortons pas des limites du possible en ce qui concerne sa prompte réalisation, et nous pensons que cette somme est assez puissante pour jeter des bases solides et arriver au point proposé.

Il est certain que la Banque agricole, débutant avec un premier versement de fonds de cette importance, pourrait immédiatement procurer à la colonie un soulagement considérable; d'un autre côté, il n'y aurait rien à changer de longtemps dans les dispositions de son organisation première.

C'est ainsi que nous avons vu le capital de la Banque de l'Algérie, primitivement fixé à 2 millions en 1854, successivement porté, par l'heureux succès de sa marche et par l'insuffisance reconnue de sa première mise, à 3 millions en 1857, et, tout récemment encore, à 10 millions par décret impérial du 30 mars 1861. La brillante réussite de cette institution de crédit, ce qui est un très-bon précédent pour l'affaire qui nous intéresse, prouve qu'en Algérie un établissement financier, sagement et prudemment conduit, peut réussir tout aussi bien qu'en France avec les mêmes éléments, et peut-être mieux encore. C'est ainsi que le dernier dividende distribué par la Banque de l'Algérie a été de 8 fr. 56 p. °/₀ par an, et les actions de 500 fr. se sont négociées à la Bourse de Paris et ont été cotées de 700 à 730 fr. Quel établissement de crédit public, à l'exception de la Banque de France, peut-il offrir à ses actionnaires un dividende supérieur (1)?

Si plus tard, un succès semblable, une réussite pareille, venait favoriser la Banque agricole, ne pourrait-elle pas de sa propre force, avec sa seule garantie, aidée de la confiance qu'elle aurait su inspirer, faire un second appel aux capitaux, créer une nouvelle émission d'actions, augmenter, doubler sa mise?...

Quels secours inespérés n'arriveraient-ils pas alors

(1) *Banque de l'Algérie.* — Voici la marche de cet établissement depuis fondation, d'après les bulletins de la Bourse de Paris :

ANNÉES	CAPITAL ÉMIS		CAPITAL AUTORISÉ	MONTANT DE L'ACTION	REVENUS PAR AN	DIVIDENDE	COURS COTÉ D ACTIONS moyenn
1854 à 1855	1,050,000	sur	2,000,000	500	33 85	6. 77 p. %	600
1856	2,000,000		2,000,000	500	36 50	7 30	675
1857	2,000,000		3,000,000	500	34 »	6 80	620
1858	2,000,000		3,000,000	500	35 30	7 06	685
1859	3,000,000		3,000,000	500	36 »	7 20	650
1860	3,000,000		3,000,000	500	42 80	8 56	730
1861	10,000,000		1,0000,000	500	42 80	8 56	700 à 730

H. G.

dans le pays? Quelle manne bienfaisante ne tomberait-il pas sur le sol algérien? Et quels avantages! Quels profits pour la Banque elle-même!

En effet, un versement, tout aussi considérable que son premier capital, viendrait augmenter largement l'importance de ses opérations sans rien ajouter à ses dépenses ordinaires. Auprès de l'Etat, plus rien à demander : cet appui qu'il avait si généreusement donné à l'institution naissante, il n'aurait qu'à le continuer sur la première mise seulement, le crédit de la Banque agricole et la confiance acquise feraient le reste, et cet établissement, puissant désormais, marchant toujours néanmoins sous sa surveillance et sa haute direction, pourrait conquérir la place qu'il est appelé à avoir.

IV.

Les 12 millions, formant la mise de fonds, seraient divisés et distribués en parts égales entre les trois provinces ou départements : 4 millions pour la province d'Oran, 4 millions pour la province d'Alger, 4 millions pour la province de Constantine, sans que pour aucun motif, sous aucun prétexte, il fût permis de distraire au détriment d'une province pour l'appliquer en faveur de l'autre, une somme quelconque sur les chiffres sus-énoncés, lesquels, pour mieux dire, devraient constituer un système *dotal* inamovible. Ceci pour éviter les effets fâcheux de la centralisation.

Pour réunir cette première mise de 12 millions, il serait formé une société anonyme sous la surveillance et le contrôle de l'Etat, constituée de la même manière et en la même forme que les sociétés anonymes du Crédit foncier et de la Banque de l'Algérie, ayant son siége principal à Alger, ses directions particulières ou divisionnaires dans tous les chefs-lieux d'arrondissement, et un bureau de correspondance au Comptoir d'escompte de Paris.

Cette société serait autorisée à émettre vingt-quatre mille actions de cinq cents francs chacune, de la manière suivante : à Paris, au Comptoir d'escompte — dans les départements, chez les receveurs généraux — en Algérie, dans ses bureaux, ou à défaut, à Alger, à la la Banque de l'Algérie, à Oran et à Constantine dans les succursales de ladite Banque et chez tous les correspondants dans les villes de l'intérieur.

L'émission des actions pourrait se faire en une ou plusieurs fois.

On verserait en souscrivant 100 fr. par action, et ensuite 100 fr. de trois mois en trois mois, ce qui mettrait à un an environ le délai nécessaire pour achever l'émission et pour constituer la mise de fonds. L'intérêt alloué prendrait date à partir du premier versement et suivrait les versements successifs. Cette dernière disposition constituerait pour la Banque agricole une certaine perte, attendu qu'elle ne pourrait pas placer immédiatement les sommes reçues et en tirer parti sur le champ, mais cette perte temporaire est prévue, et serait balancée au compte de réserve dont nous parlerons plus loin.

L'Etat garantirait un minimum d'intérêt de 6 p. 0/0

par an jusqu'à concurrence de la somme première de 12 millions. Voilà l'avantage nouveau pour le capitaliste français dont nous parlions tout-à-l'heure. Il est évident que puisque en France, sous ses yeux, sous sa main, le capitaliste fait rapporter à son argent le 5 le 5 1/2 o/o, il lui faut offrir un certain avantage, en lui donnant cependant des garanties identiques, pour qu'il consente à détourner ses fonds. Ce résultat s'obtiendrait, si l'Etat voulait porter sa garantie d'intérêt à 6 p. o/o par an.

L'Etat prenant sous sa protection la Banque agricole algérienne, tous les actes susceptibles de frais d'enregistrement, tels que : les prêts, les quittances, etc., etc., ne seraient passibles que du simple droit de un franc, d'après un privilége spécial, et à peu près semblable à celui qui régit les actes relatifs à l'administration préfectorale. Les droits et frais d'hypothèques resteraient ce qu'ils sont pour tout le monde. Ces divers coûts seraient à la charge des emprunteurs, ainsi que les frais et honoraires des notaires par devant qui les actes seraient passés. Une diminution serait recherchée sur ces frais et honoraires, et pourrait donner lieu de nouveau à un tarif particulier adopté en conseil d'administration.

Toutes ces réductions, apportées dans la nomenclature ordinairement si longue des frais d'une transaction passée devant notaire et soumise à l'enregistrement, profiteraient au colon. Celui-ci, en touchant son argent, n'aurait donc qu'une somme insignifiante à distraire de son capital reçu ; et moyennant le service des intérêts, qu'il aurait régulièrement à faire en deux fois chaque année, tout serait dit. Le mandat de la Banque serait en voie de s'accomplir, son but serait atteint ;

donner au colon le plus d'argent possible; moyennant toute garantie, et le lui donner sans frais inutiles, à un intérêt très-modéré.

Les intérêts de la part des emprunteurs seraient payables le 1er avril et le 1er octobre de chaque année, et les deux dividendes semestriels fournis annuellement par la Banque agricole se distribueraient aux actionnaires, comme cela a lieu au Crédit foncier et à la Banque de l'Algérie, le 1er mai et le 1er novembre.

La société recevrait les fonds à 6 p. °/₀ par an, elle les placerait à 8 p. °/₀; si la différence de 2 p. °/₀ restants n'était pas absorbée par les frais d'administration ou pertes imprévues, chose peu probable, la quotité disponible sur ce prélèvement serait appliquée à un fonds de réserve; mais jamais il n'y aurait partage de bénéfices avec l'Etat. Si ce fonds de réserve venait à atteindre un douzième du capital, soit un million, tout prélèvement cesserait d'être opéré au profit de ce compte, et les bénéfices en sus seraient distribués entre les actionnaires.

Voici quelques chiffres basés sur la somme primitive de 12 millions :

12,000,000 doivent recevoir 8 p. °/₀ d'intérêt, soit.	960,000 fr. par an.
12,000,000 doivent payer 6 p. °/₀ id. soit.	720,000 fr. id.
Différence en plus.	240,000 fr. par an.

D'après les calculs les plus minutieux, les frais d'administration de la Banque agricole ne dépasseraient pas 140,000 fr. par an. Il y aurait donc annuellement un excédant de recettes de 100,000 fr.

Admettons que les premières années, par suite de la perte d'intérêt occasionné par le retard des placements ou pour tout autre difficulté d'installation, cet excédant se trouvât absorbé ; mais dans un délai très-rapproché, la Banque pourrait mettre en compte de réserve 100,000 fr. par an environ : somme qui, avec les intérêts cumulés si elle était versée au trésor, arriverait rapidement en quelques années à couvrir le compte de réserve.

Ce compte couvert, les 100,000 fr. de boni annuel, auxquels il y a lieu d'ajouter les intérêts de la susdite réserve, seraient distribués aux actionnaires : ce qui porterait leur dividende annuel de 7 1/2 à 8 p. ₒ/ₒ. Si l'on veut laisser quelque chose pour des pertes imprévues, ou pour les sommes éventuellement inoccupées, il resterait toujours, au plus bas, 7 p. ₒ/ₒ. Pour des fonds garantis par le gouvernement, c'est, nous le croyons, un fort beau placement.

Et qu'on veuille bien remarquer que ces appréciations ne sont faites que sur la première mise seulement ; si cette mise était doublée, triplée, etc., l'on peut juger de suite du brillant résultat qui serait obtenu.

Il serait publié chaque semestre dans les principaux journaux algériens et au *Moniteur universel* un compte-rendu des opérations et de la situation de la Banque agricole.

La durée de la société serait de 75 ans. A l'expiration de 63 ans, les actions commenceraient à être remboursables par voie de tirages au sort annuels, sur le pied de 2,000 actions : ce qui demanderait 12 ans et formerait un ensemble de 24,000 actions — en nous basant toujours sur le chiffre primitif ; en cas d'augmentation du capital social, le tirage annuel se ferait par douzième du nombre des actions.

Le minimum d'intérêt à 6 p. ./ₒ serait garanti par l'Etat pour la même période de 75 ans, mais les garanties d'intérêt ne produiraient d'effet que dans le cas où les revenus de la Banque agricole n'égaleraient pas le montant des sommes nécessaires au service de cet intérêt.

L'Etat ferait, pour l'installation de la Banque dans tous les chefs-lieux de préfecture et de sous-préfecture, une dotation unique en immeubles, à laquelle la province pourrait être appelée à contribuer — ce que, bien certainement, les conseils généraux ne refuseraient pas. Cette dotation serait semblable à celle qui a été déjà faite au Crédit foncier à Alger, d'après le décret du 11 janvier 1860.

Il y aurait : 1° un directeur général à Alger, sous la surveillance du gouvernement de l'Algérie et d'un conseil d'administration désigné à cet effet — le directeur général cumulerait les fonctions d'inspecteur pour toute l'Algérie et serait seul chargé de la correspondance avec le Comptoir d'escompte et autres; 2° un directeur d'arrondissement dans toutes les préfectures et sous-préfectures au même titre — tout directeur d'arrondissement aurait à son tour un conseil consultatif composé : du maire de la commune, *de l'inspecteur de la colonisation*, d'un employé des domaines et des trois principaux actionnaires de la localité. Il prendrait périodiquement l'avis de ce conseil touchant les demandes des colons qui lui présenteraient quelques difficultés.

Comme nous l'avons dit, la simplicité des opérations de la Banque agricole permettrait d'apporter une très-grande économie dans les frais généraux : peu ou point de correspondance, si ce n'est celle du service de direction — fort peu de comptabilité, etc., etc., partant peu d'employés. Le travail des actions, la correspondance générale, la centralisation, en un mot, se faisant à Alger, nécessiterait chez le directeur général seulement un certain personnel.

Après cet exposé, que nous pourrions encore développer, mais qui nous paraît suffisant pour faire connaître le mérite d'une institution appelée à rendre les plus grands services en même temps qu'elle pourra agir avec la plus complète sécurité, nous ajouterons que pour que cette œuvre soit possible, il est désirable, il est nécessaire, que le gouvernement veuille bien faire opérer la remise des titres définitifs de concession et la délimitation exacte des terres concédées ou vendues. En terminant, nous dirons avec l'honorable et savant M. Jules Duval : « Aucune société de Crédit foncier ne « pouvant prêter sur un immeuble dont la propriété « est révocable à la volonté de l'administration, la con- « solidation de la propriété est le premier progrès que « devra réaliser le gouvernement pour la rapide coloni- « sation de l'Algérie. » Nous ajouterons encore : « Ce « sera aussi la première condition de la bonne marche « et du succès de la Banque agricole algérienne. »

3 avril 1862

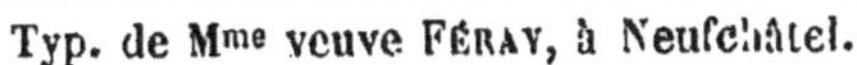

Typ. de Mme veuve FÉRAY, à Neufchâtel.

www.ingramcontent.com/pod-product-compliance
Lightning Source LLC
LaVergne TN
LVHW010107230826
846091LV00005B/2126
9782011777713